UN MOT

SUR LA

SITUATION PRÉSENTE

PAR

M. DARDILLAC,

Avocat à Parthenay.

———❦———

POITIERS

TYPOGRAPHIE DE A. DUPRÉ

RUE DE LA PRÉFECTURE.

1875

UN MOT

SUR

LA SITUATION PRÉSENTE.

Je crois qu'il est opportun de présenter quelques réflexions sur les élections municipales qui se sont accomplies en novembre dernier, et j'ajouterai : sur le caractère probable des élections politiques qui peuvent être prochaines.

J'assigne à ces élections diverses causes, et j'y trouve l'occasion de dessiner à grands traits la situation qui est faite particulièrement à l'élément légitimiste.

Je ne me dissimule point la hardiesse de mon entreprise, car je sais qu'en politique le mieux est quelquefois, pour certains hommes, le sommeil ou l'illusion, et qu'en détruisant ces deux forces négatives de la vie, on court le risque de passer pour un rebelle ou un imprudent.

D'un autre côté, il est aussi une classe de personnes qui ne pardonnent pas davantage : c'est celle des endormeurs. D'ordinaire, ils sont plus âpres à vous accuser, parce qu'ils se trouvent tout à la fois atteints dans leurs projets, leurs intérêts et leur amour-propre.

Cependant il faut bien reconnaître qu'il y a des moments solennels où les situations conventionnelles doivent être dégagées de leurs ajustements d'emprunt, et je crois que nous touchons à une de ces époques d'enfantement où ceux qui croient être avec la vérité doivent parler net et franc.

En faisant ressortir les diverses causes d'opposition qui ont agi sur les élections du 22 novembre dernier, j'agiterai, par cela même, incidemment quelques questions capitales, et, quelles que soient les solutions que chacun pourra leur donner, il n'en faudra pas moins reconnaître que, si ces causes ont agi, on pouvait les prévoir et s'en préserver, et qu'en ce moment la prudence la plus commune conseille encore de s'en préoccuper.

Je commencerai par faire remarquer que, dans les comptes rendus de certains journaux, on a affecté d'appeler *liste républicaine* toute liste qui l'avait emporté sur celle dite *municipale*. C'étaient, là, le plus souvent, une erreur et un stratagème, et il importe de les relever. Je pourrais même dire que le contraire s'est souvent produit, et je ne vois pas pourquoi on laisserait s'accréditer de pareilles fantaisies.

Il est bien entendu que j'excepte de mes réserves les résultats de Paris et de quelques autres grandes villes. Dans les centres populeux, les événements ont des causes plus directes, plus intentionnellement excitées, et plus précisément reportées vers un changement de pouvoir : c'est le *caveant consules* de l'antiquité romaine.

Ailleurs, au contraire, l'opposition a des allures plus vagues ; elle ne s'affirme guère que sous l'influence d'un ensemble de faits se justifiant, d'eux-mêmes, et s'imposant, par suite, d'une manière toute naturelle, à la conscience publique. C'est l'application de cette maxime quasi-sacrée : *Vox populi, vox Dei.*

A mon sens donc, c'est à un courant d'opposition, qui a été, ici, déterminé dans son but, et, là, vacillant et inquiet comme tout ce qui naît et cherche un point d'appui, qu'il faut reporter l'esprit de critique et de résistance qui est venu se mettre en face de cet adversaire de convention appelé du nom d'*esprit conservateur*.

Et maintenant, pourquoi cette opposition ? voilà ce qu'il faut nettement exprimer.

A quelque nuance politique qu'on appartienne, il faut toujours, si on est homme de bien, reconnaître ce qui vous blesse le plus, quand la vérité éclate à vos yeux ; c'est le moyen le plus sûr et le plus honnête de se corriger et de corriger les autres.

Or, qui peut méconnaître que la loi sur les maires a jeté partout une perturbation profonde ? Elle a fait naître, ici et là, des divisions fatales, en froissant sans motif, le sentiment public et le principe même du suffrage universel, tel qu'il est pratiqué dans nos sociétés modernes. Le plus souvent les maires nouveaux n'ont point été nommés pour améliorer une administration précédente ou pour remédier à un danger politique. Non... ces changements n'ont eu, le plus souvent, pour cause et pour résultat que de faire triompher des influences locales qui paraissaient mieux s'approprier à des visées de réaction, et c'est le contre-coup de cette anomalie, dans les faits, qui a rendu si décisive, en certains milieux, la bataille électorale du 22 novembre 1874. Je ne parle pas de la défaveur popu-

laire que l'acceptation de ces fonctions municipales a
value aux hommes nommés en dehors de l'élection :
c'est pour eux une question de dignité et de conscience dont ils sont seuls les juges ; seulement, ce
qu'on peut en retenir, c'est que l'administration
elle-même n'y a rien gagné pour le respect qui lui
est dû.

Voici, sans conteste, une première cause d'opposition aux tendances gouvernementales du moment ; et si rien n'est modifié sur ce premier chef,
on peut affirmer qu'aux élections politiques qui
peuvent surgir d'un moment à l'autre, cette cause
se reproduira encore plus irritée et plus générale.

Cette première cause en a fait naître nécessairement une autre qui en est comme le corollaire na-
turel.

On a reporté son attention sur les hommes qui
ont pris l'initiative de cette modification apportée ,
par la loi sur les maires , au plein exercice du suffrage universel, quelle que soit, d'ailleurs, la défini-
tion qu'on ait voulu donner aux fonctions municipales.

Et alors le centre droit, c'est-à-dire l'*orléanisme*

(comme on le dit à présent), est apparu comme le point de départ de cette initiative réactionnaire. On a vite compris qu'on avait affaire à des hommes qui cherchaient à reprendre leurs forces dans le suffrage *restreint*, et que la classe moyenne tendait encore à se constituer en puissance politique.

A ce point de vue, comme on le voit, s'ouvre un champ plus vaste à la discussion, et je touche ainsi de plus près à la politique générale.

Je dois cependant en dire quelques mots, tant il importe, selon moi, de bien préciser toutes les questions du moment. Les *pronunciamentos* peuvent passer les Pyrénées, et il semble que plus les événements se précipitent, plus *la force des choses* est là qui nous conseille de veiller.

L'orléanisme, comme on le sait, est entré aux affaires avec M. de Broglie, et, depuis ce moment, ce parti a toujours eu la majorité dans le ministère et, par conséquent, dans les conseils du gouvernement. Avec une exclusivisme presque parfait, il en a profité pour peupler de ses créatures toutes les administrations publiques, et cette situation a été subie par les légitimistes eux-mêmes, sous prétexte de la *fusion* et du respect pour le *pacte de Bordeaux*, comme aussi par les hommes de toutes nuances *républicaines*, vaincus par la réunion de toutes les forces monarchiques.

Dans de pareilles conditions, le temps, plus fort que la volonté des hommes, devait amener une désagrégation des forces dites *conservatrices*, réduites, les unes à l'impuissance, les autres au rôle de dupes ; et c'est alors que chacun a repris dans le pays ses libres allures, en attendant que les divers groupes de l'Assemblée en fassent autant pour en finir avec un provisoire qui ne créait que des rancunes et des contradictions.

Je parle net, comme on voit, parce que la vérité m'y amène tout naturellement.

Seulement je me sens arrêté par une question : celle de savoir si ce qu'on nomme l'*idée conservatrice*, prise dans son acception la plus générale, et considérée comme moyen de lutter contre l'*idée radicale*, n'est point, en ce moment, inopportunément atteinte dans son action *éclectique* par l'opposition, qu'elle *justifie, au fond*.

Ici encore, agrandissons le débat.

A l'heure qu'il est, il me paraît difficile de croire

à l'efficacité de certains ménagements. On voit déjà ce qu'ils ont produit, jusqu'à ce jour, dans les rangs des conservateurs, et c'est pour cela que j'estime qu'en se mettant en dehors de ces alliances d'occasion, et, en suivant les grands courants de l'opinion publique, le parti du droit national et des traditions héréditaires y gagnerait davantage.

Je m'explique, et sachons voir la vérité en face.

A mon sens, aveugles seraient ceux qui ne verraient pas, dans les événements que nous traversons, les signes précurseurs d'une réformation sociale. Il est impossible qu'il en soit autrement après les applications de la science moderne, et surtout en présence des principes de libertés politiques et de régime de partage *forcé* consacrés par nos lois. S'il m'était permis de faire une comparaison, je dirais : une nation est comme un fleuve. Le lit du fleuve et ses rives ne changent point ; mais l'eau qui y coule s'en va pour ne plus revenir. C'est donc toujours une eau autre et nouvelle, et pourtant c'est toujours le même fleuve. Ainsi une nation reste la même quant à son territoire, à ses lois fondamentales, à sa constitution naturelle, tandis que la population change et s'écoule sans cesse, profitant des progrès acquis, et, suivant l'expression de Gioberti , *développant les puissances du passé pour en faire sortir un avenir meilleur.*

Or, autrefois, la royauté traditionnelle jouait le rôle d'intermédiaire entre les différentes classes de la société, qui luttaient entre elles pour conserver, chacune, les intérêts qui lui étaient propres. C'était un pouvoir de pondération qui découlait naturellement du grand principe de l'hérédité. Je ne saurais mieux caractériser le pouvoir royal qu'en transcrivant ici ce passage de Montlosier, dont le témoignage ne saurait être suspect en cette matière : « Un monarque se présente à ma pensée

» sous deux aspects , dit-il : comme image de la

» dignité et de la puissance d'un peuple , comme

» instrument d'ordre et de protection publique.

» Un monarque à qui on fait une belle position de

» grandeur se trouve armé, en faveur du bien pu

» blic, de toute la puissance de son intérêt person

» nel. Sa première fonction est de contenir tous

» les pouvoirs dans leurs fonctions. Sa charge sera

» remplie en cela seul qu'il comprimera toutes les

» ambitions particulières, qu'il les contiendra

» dans la sphère qui leur est départie, qu'il les for

» cera à gouverner pour la chose publique et non
» pour la leur (1). »

Aujourd'hui, au contraire, nous semblons méconnaître, au moins dans les faits, la possibilité d'un retour au caractère essentiellement tutélaire que doit conserver la monarchie légitime.

Au lieu de la présenter comme la seule force capable de mieux satisfaire les exigences acceptables de notre époque, nous commençons par nous attarder, dans une lutte préventive et obstinée, contre les innovations qui sont le plus demandées par l'expérience de tous les instants ; nous nous associons à des hommes qui n'ont réellement d'autre objectif que le triomphe de leurs intérêts particuliers, et nous oublions que, dans les circonstances présentes, l'élément purement religieux, exclusivement ecclésiastique, est dans l'impossibilité de supporter seul le choc universel d'une opposition qui est à la fois antireligieuse et antisociale, et qu'il est vrai de dire, avec M. Blanc de Saint-Bonnet : « il y a des laïques qui ne se rendent
» qu'aux laïques (2) ».

Ce qui m'amène à conclure que, puisque les es-

---

(1) De Montlosier, *De la Monarchie française*, t. III, p. 21.
(2) *La Légitimité*, p. 527.

prits ont besoin d'être contenus, il faut commencer par fonder un état gouvernemental dont le principe ne laissera aucune place au désordre moral et à l'affaiblissement de l'autorité.

Et ici, je touche à une troisième cause d'opposition. Je la dirai aussi comme les autres, mais avec tous les ménagements qu'elle comporte.

Depuis quelques années, il faut reconnaître que les prétentions d'une certaine école religieuse ont pris une forme plus militante et moins contenue. C'est une force qui s'est rejetée à travers le monde comme un obstacle à l'expansion des idées modernes, et les masses s'en sont défiées. Elles n'ont trouvé, à côté de cet envahissement nouveau, aucun pouvoir assez fort pour en arrêter les écarts ; et l'on peut voir déjà que la réaction qui en est sortie a fait naître cette avalanche de sociétés internationales qui a élevé, par cela même, la question politique des États européens à la hauteur d'un péril social.

Ce n'est point, d'ailleurs, d'aujourd'hui que datent les appréhensions que suscitent toujours les manifestations de cette école. Seulement, de nos jours, aucun contre-poids ne peut lui être opposé, tandis

qu'autrefois la royauté pouvait intervenir parce que
son principe était une garantie de la pureté de ses
actes ; et comme l'ancienne monarchie ne s'était ja-
mais dissimulé les dangers qui pouvaient aussi la
menacer de ce côté, bien souvent, et sans atteindre
ni blesser aucun dogme, aucune tradition de la foi
de nos pères, l'histoire nous la montre comme la
sentinelle la plus vigilante et la plus hardie contre
l'envahissement d'une prétention qui ne paraît
guère relever *de la foi pure*, et que notre époque
a cru voir revenir avec tous les caractères d'un
intérêt qui lui a valu le nom vulgaire de *clérica-
lisme*.

Mais qu'on se rassure ! les défiances dont je viens
de parler ne se justifient par aucun côté, et le re-
présentant de la monarchie traditionnelle a pris
soin lui-même de protester contre de pareilles tendances. « On repousse, non sans raison, dit-il,
» l'immixtion de l'*Église* dans la politique ; on
» veut que le clergé se renferme dans ses saintes
» fonctions, sans se mêler aux choses du de-
» hors (1). »

(1) Lettre au vicomte de Saint-Priest, 9 décembre 1866.

Ces paroles, d'ailleurs, ne sont que l'expression des principes traditionnels de la monarchie française, sur la séparation *des deux puissances*.

Voici, en effet, comment un roi de France que l'Église a mis sur ses autels entendait leur réciproque indépendance.

Dans ses mémoires, Jean sire seigneur de Joinville rapporte ceci dans son quatre-vingt-deuxième chapitre, page 264, intitulé : *De la prudence et bon conseil du roi saint Louis , et de ce qu'il respondit à l'évesque d'Auxerre et autres prélats à vne requeste qu'ils lui avoient faite :*

« Une fois ie fu présent, dit-il, qu'il respondit à
» tous les prélats de France d'vne requeste qu'ils
» lui firent, qui fut telle : que l'evesque d'Auxerre
» lui dit : Sire, tous les prélats d'Eglise que vous
» voyez icy me font dire, que la foy chrestienne
» deschoit, et sera encore pis si vous n'y mettez
» remède ; partant, nous vous requérons humble-
» ment que vous faciez ordonnance et commande-
» ment à tous les jujes et justiciers de vostre
» royaume, qu'ils contraignent tous ceus qui au-
» ront été an et jour en sentence d'excomuniment,
» à se faire absoudre et satisfaire à nostre mère
» sainte Église. Et le roy respondit, que moult vo-

» lontiers il feroit faire le commandement ainsi
» qu'ils le requéraient : mais que ses juges et jus-
» ticiers eussent premièrement et avant toute œu-
» vre, connaissance si la sentence estoit à bon
» droit donnée, ou non. Et après que les prélats
» eurent entr'eus consulté, dirent au roy que ja-
» mais ils ne souffriroient qu'il eut connaissance
» sur la justice ecclésiastique. Et alors le roy leur
» respondit, qu'il ne vouloit pas aussi, que de ce
» qui appartenoit à la justice, qu'ils en eussent
» connaissance ; et qu'autrement, il feroit contre
» raison et leur donna l'exemple. N'avez-vous pas
» bien sceu, fit-il, que l'évesque de Bretagne a
» tenu par l'espace de sept ans, le comte de Breta-
» gne, en sentence d'excomuniment ; et toutesfois
» pour ce que c'était à tort, il a été absous en
» Cour de Rome ? Ainsi donc, si je l'eusse con-
» traint de se faire absoudre dès la première
» année, force lui eust été qu'il eust baillé à l'éves-
» que de Bretagne ce qu'il demandait, et, en ce
» faisant, je lui eusse fait grief et tort. »

Quel rapprochement instructif et concluant !
aussi est-il évident que c'est à tort que les esprits
se sont émus d'une lutte où l'on a cru voir en péril
la liberté de conscience.

Et comme, à ce moment même, les yeux étaient tournés vers le prince qui représentait, seul, le principe d'autorité par excellence dans la sphère des gouvernements purement civils, et que ce prince, profondément *chrétien*, le proclamait bien haut, il s'est fait dans le pays une confusion fatale du principe politique avec le principe religieux, confusion qui a été entretenue par l'habileté des adversaires de ces deux principes, par la bonne foi des légitimistes purs et trop confiants, et par les calculs de ceux qui ne voyaient dans le comte de Chambord qu'un *instrument* de plus pour mieux arriver à leurs fins cachées et persévérantes.

Aujourd'hui on peut voir si ces vérités sont éclatantes. Et, en effet :

N'est-il pas vrai que les adversaires dont je parlais tout à l'heure triomphent, et que le principe d'autorité, envisagé d'une manière générale, s'est encore profondément affaibli ?

N'est-il pas vrai que les légitimistes purs deviennent de plus en plus isolés et méconnus ?

N'est-il pas vrai enfin que les hommes qui ont créé *le parti catholique* et enfanté le dangereux système de l'indifférence en politique n'ont rien gagné dans les masses, malgré leurs efforts et leurs sacrifices ? et ne peut-on pas déjà dire qu'ils sont redevenus les hommes de la théorie du *fait accompli*, sans se demander davantage si cette théorie n'est pas, par sa propre nature, essentiellement contraire à la sécurité des États et aux intérêts supérieurs qu'ils entendent représenter ?

De tout ce qui précède, on peut donc déjà conclure que l'*idée conservatrice*, telle qu'elle est sortie du pacte de Bordeaux, ne peut plus maintenant servir de base aux combinaisons parlementaires ; car cette idée n'avait d'autre force que celle d'une œuvre commune où chaque partie contractante avait bien compris qu'on ne pouvait s'y trouver d'accord qu'à la condition tacite de ne pas parler politique ; et aujourd'hui, on peut voir avec quelle vivacité opiniâtre chaque nuance dynastique de l'Assemblée tend à revenir à ses vieilles préférences, en présence de la mise à l'ordre du jour de ces lois constitutionnelles sur lesquelles on compte pour clore enfin l'ère des équivoques et des fluctuations sociales.

Au moment même où je parle, l'accord est rompu. Les hommes de l'Assemblée qui sont guidés par des principes finiront sans doute par reconnaître, dans la persistance que les guides du centre droit mettent à donner à l'organisation d'un Sénat, la priorité sur les lois constitutionnelles, que l'orléanisme dit, là, son premier mot, et que le règne des doctrinaires tend à recommencer.

Mais quittons l'examen de ces questions du moment, et qu'il me soit permis de constater que, sous les trois causes d'opposition que je viens de signaler, se trouvent des ferments de division dont l'esprit français doit s'inspirer d'autant plus résolûment, que le manque absolu de certitude dans la vie politique fait remonter les tristes effets de cette situation anormale à ceux-là mêmes qui prétendent représenter seuls la *force* et la *vérité* morales.

Que si maintenant j'aborde la question de durée de l'Assemblée nationale, j'y trouve encore une autre cause de cette irritation publique dont les manifestations ne se contiennent plus.

Il est prétendu que l'Assemblée n'avait point été élue pour conclure autre chose que la paix ; et l'on ajoute que si, la paix faite, on pouvait encore admettre qu'elle pût être investie du droit de pourvoir, par des mesures législatives, aux besoins du moment, il est certain, d'un autre côté, que cette Assemblée n'a pu ni su user de ce pouvoir.

Il suit de là que le temps a fait ressortir de plus en plus l'écart qui devait nécessairement se produire entre les tendances politiques de l'Assemblée et les aspirations du pays, alors surtout, comme cela est soutenu aujourd'hui, que les élections générales de 1871 ont plutôt affecté des préférences *personnelles* en faveur d'hommes capables de mieux assurer la paix qu'une volonté bien comprise et bien dessinée de créer, dans ce moment de désarroi, un mandat purement politique et illimité.

Or, en persistant à rester sur leurs siéges, les élus de 1871 suscitent, en ce qui les concerne, une question de préoccupation personnellement intéressée, qui est, selon moi, bien loin de leur esprit et de leur patriotisme, mais qui peut cependant être un jour sévèrement retournée contre eux ; et, ce qui est pire encore, ils se créent une alternative de solutions politiques dont les difficultés s'aggravent tous les jours.

Et, en effet, si l'époque de la dissolution de l'Assemblée est reculée indéfiniment ou jusqu'en 1880, quelle responsabilité ne s'attribue-t-elle pas, s'il survient de ces événements que la prudence la plus commune peut facilement prévoir ?

Et si l'Assemblée prononce sa dissolution pour un temps assez prochain, que seront les élections qui viendront après ?

Les choses en cet état, que convenait-il et que convient-il encore de résoudre ?

Pour le passé, la réponse est facile : il fallait, quand les souvenirs de la Commune étaient encore vivants, proclamer la royauté, mais la *vraie*, et la proclamer dans *cet esprit français* qui n'aurait pas donné d'elle cette opinion, que la maladresse des uns et l'injuste prévention des autres ont fait accepter, que son retour ne serait autre chose que le triomphe d'idées allant s'approprier à d'autres institutions qu'à celles de notre temps.

Pour le présent, et sans entraver l'autorité du maréchal de Mac-Mahon, une explication dernière devient nécessaire entre *toutes les nuances qui se disent monarchiques.*

Et alors, de deux choses l'une : ou bien, sous l'influence des justes appréhensions que le radicalisme provoque, les monarchistes hésitants iront droit au principe héréditaire *vrai*, et, bien certainement, l'unité dans l'action monarchique se faisant, le pacte de Bordeaux trouvera son couronnement logique et attendu, et les plus grandes chances de lutter avec avantage contre les éventualités révolutionnaires seront acquises ;

Ou bien la division persistera, et dans ce cas, malheureusement le plus probable, la dissolution de l'Assemblée deviendra *la loi suprême*, et s'imposera à tous. La nation, alors abandonnée à elle-même, entrera d'une manière plus marquée dans la voie de cette transformation sociale dont je parlais en commençant, et ce sera désormais au *plus fort par le droit* et au *plus désintéressé* par sa *position morale* et *personnelle* à prendre la tête de ce mouvement, ainsi devenu *essentiellement patriotique.*

Qui pourra et devra seul, à ce moment, prendre cette direction souveraine ?

Dans ma conviction profonde, ce sera et ce ne pourra être que le prince volontairement exilé, qui n'a pas craint *d'affirmer* le suffrage universel quand de sourdes clameurs semblaient le condamner autour de lui ;

Qui s'est montré aussi sage que loyal dans la

revendication de ses droits et la reconnaissance de ses devoirs ;

Qui a dit ces paroles mémorables : « *Je suis et je veux être de mon temps* (1). Sans le principe *national* de l'hérédité monarchique, je ne suis rien ; avec lui, je puis tout (2). »

Et encore , en faisant allusion aux compétitions de notre époque , ces mots pleins d'à-propos :

« J'ai dans la poitrine un cœur de roi et de père qui n'a *point de parti.....* Je n'ai ni injure à venger, ni ennemi à écarter, ni fortune à *refaire ,* sauf celle de la France (3). »

Je m'arrête ici pour ne pas dépasser mon but, et j'insiste pour dire : voilà les causes générales , directes, indéniables, de l'entraînement d'opposition qui dévore en ce moment notre malheureux pays.

Et si, « à de certaines époques, il faut parcourir tout le cercle des folies pour revenir à la raison, » comme le dit Benjamin Constant (4), et si encore, comme le dit le même publiciste, « un monarque arrive noblement au trône, et un usurpateur ne s'y

(1) Manifeste du 5 juillet 1871.
(2) Manifeste du 25 janvier 1872.
(3) Lettre du 8 mai 1871.
(4) *De l'Usurpation,* page 254.

glisse qu'à travers la boue et le sang (1), » nous pouvons donc crier bien haut :

Aux hommes de fermeté et de conviction à planter leur drapeau en dehors de ces combinaisons étroites et craintives qui nous étiolent de plus en plus sur le terrain des luttes parlementaires, qui manquent de base essentielle et de *franchise*, suivant une expression récente de M. de Laboulaye.

A eux aussi d'écouter ce qui se dit au-delà des Pyrénées, et de rechercher si les événements qui s'y accomplissent n'ont ou n'auront aucune solidarité avec les nôtres.

A eux encore de songer que si les races latines doivent perdre tous les jours de leur puissance territoriale, les invasions n'en seront que plus menaçantes, et qu'alors la question d'alliances doit s'imposer dès aujourd'hui.

A eux enfin de ne pas oublier que le pays a besoin d'autorité et de sécurité, et que, pour avoir ces deux sources de grandeur et de prospérité nationales, il peut se jeter dans ce qui n'en est que l'image, c'est-à-dire dans cette théorie

(1) *De l'Usurpation*, page 261.

qui place un empereur au sommet du pouvoir et fait miroiter aux yeux du peuple la possession d'un suffrage universel que ce pouvoir est obligé, pour se sauver ensuite, d'absorber dans une direction qui manque de sincérité et ne laisse plus d'indépendance.

Janvier, 1875.

Poitiers. — Typ. de A. Dupré.